POR DIOS, POR TI, POR MÍ, POR TU MARIDO

POR DIOS,
POR TI,
POR MÍ,
POR TU MARIDO

Mariene Lufriú

ArtSpoken
EDITIONS

1167 SW 6th Street, Miami, Florida 33130 USA

ISBN-13: 978-0615933979

Edición: Ulises Cala
Diseño de cubierta, diagramación y emplane: Alfredo Montoto Sánchez

ArtSpoken Editions 2013
1167 SW 6th Street, Miami, Florida, 33130, USA
e-mail: books@artspoken.org
Impreso en: Miami, Florida
          USA

Para mis padres,
talismanes de luz contra todo intento de sequía.
Y para Geovannys,
por esta alquimia de adictivo amor.

Este volumen constituye una selección de los poemarios ya publicados: *La ruta incierta* (Cuba, 2008) *Todos los semáforos en rojo* (Cuba, 2009), *Academia de fugas* (USA, 2011), *Los mapas interiores* (Puerto Rico, 2012) y algunos textos inéditos escritos durante 2013.

N. de la A.

LAS TRAMPAS DE LA PIEL

Los perros no saben cuándo van a morir.
El borde de la acera,
el filo del cuchillo,
la carne envenenada
se tienden ante ellos como piezas equidistantes
de algún punto feliz en su inocencia.
Confiados transitan la ciudad.
Pasan a pocos centímetros del corte.
Babean gustosos ante el bocado cruel.
Un paso más
y podría llegar el final insospechado.
No entienden acaso el rigor de un límite,
la dureza de un esquema,
la severidad de una línea.
Pagan ingenuos el precio fatal de su ignorancia.

Mis hombres no saben cuándo van a morir.
Como los perros.
Y cruzan.

CONFESIÓN

Me vengo sin patria,
colonízame.
Me vengo sin brújulas,
por favor, oriéntame.
Me vengo sin amuletos,
sé gentil, embrújame.
Pero no me vengo con ganas,
vístete.

QUÍMICA SEXUAL

Más que cintura
búscame sin tara.
Más que soltera
busca mi soltura.
Oh, Dios, ¡y la ternura!

VICIO

Te yergues tan perfecto para mí
que empiezo a especular: eres un dios...
Tú, blanco, con corona de rubí.
Yo, débil, ignorante de tu adiós.
Te clavas en mis párpados, desnudo,
y sigues el camino a mí... adentro.
Te abrazo con mis dedos y te anudo
ingrávida, feliz por este encuentro.
Mis manos y mi boca son esclavas
del sádico placer que me devora
y tú, mi amante ingrato, te me acabas
igual que las estrellas a la aurora.
Cenizas tus ayer hogueras bravas.
Mejor enciendo otro... que ya es hora.

LA ESCENA

Me ahogaba la humedad entre dos piernas.
Sus manos, parecidas a las mías,
tocábanme con rabia, sin manías,
me helaban como el frío a las cavernas.
Logramos ser tan frívolas, tan tiernas,
como dos mesalinas en orgías,
que todas las miradas, tan vacías,
creyeron nuestras ganas sempiternas.
Y hacíamos festines de gemidos
aun con el deseo cabizbajo.
Los gestos lujuriosos, pervertidos
formaban parte exacta del trabajo.
Al fin nos colocamos los vestidos.
Aplausos y el telón se vino abajo.

PROTESTA

Maldito límite ese que mencionas, madre.
De tanto buscarlo para complacerte
he ido llenando mi vida de excesos
y aún no lo hallo.
(Bendita desaparición.)

GEOMÉTRICA

Entre la tediosa complacencia de mi amante original
y la obligada distancia de mi amante paralelo,
yo guardo lo único salvable,
lo único común:
guardo el deseo.
Porque me asusta que el tedio de uno se desborde
y mis líquidos rituales de placer
acorten las distancias hacia el otro,
restauro sin cesar mis líneas de conducta.
Equitativa me reparto,
aunque sé que no todo paralelismo
es síntoma de orden,
ni el modo en que equidistan
mi amante original y mi amante paralelo
de mis límites
es exactamente simetría.
Ante la imprecisa y orgiástica naturaleza
de un círculo de amantes,
o la igualdad de las partes de un cuadrado,
mi historia de tres puntas
se alza con una intensidad arrolladora.
Sin permiso de los dos
hago mi tríada.
Porque la blanda arquitectura de mi vientre
es triangular;
porque el punto en que los hago converger
en nerviosas,
clandestinas alternancias
también lo es.

TANGO

Tocarlo se me ha vuelto un vicio insano,
un sádico placer, un acto ingente
y es más ingobernable,

                más urgente
si llego a estar también

                bajo su mano.
Me roba cuanto tengo.

                Luego paga
con dulce aberración y fino alarde.
Su mano tiene algo de cobarde
y aún es mano fiera,

                mano maga;
la mano sin anémicas manías,
que sabe camuflarse con las mías,
me gusta que me toque…

                hasta el asco.
¿Lo toco o él me toca?

                Ya no importa.
Su mano es mi cariátide, mi aorta.
Yo muero.

            Él me toca.

                Yo renazco.

EL DULCE CASTIGO

Me gustas hecho fiera y vendaval
y dueño de mis fatuas embestidas.
Me gusta verte hacer un carnaval
burlando la quietud de mis heridas.
Me vives, me profanas y me embridas,
tan tú, tan pertinaz, tan animal...
Si tengo vida luego de otras vidas
te quiero a la merced de mi humedal.
Muchacho hecho de sí y de revés,
que llegas a mis sábanas e hibernas,
qué importa que me sepas a después
si ahora, sin quererlo, me gobiernas.
Yo voy a enamorarme cada vez
que logres el milagro entre mis piernas.

BURDEL

Todavía retumba en mi lengua
como rítmica y húmeda erre
el recuerdo de tu advenimiento.

FÁLICA

He olvidado la manía de permanecer.
Cambio de espacio
y de nombre.
Me desbordo.
Muto hasta desconocerme
mientras sigo rumbo a ti
adentro.

LA FÓRMULA

Cuando le hablo miro sus ojos.
Cuando lo escucho miro su boca.
Así,
nuestra conversación
se sostiene sobre la secuencia
boca-ojos-orejas-boca.
En secreto tomo la tira de palabras.
La doblo.
Uno sus puntas.
Las bocas quedan una frente a la otra
y hago que se besen
indefinidamente.
Por eso me gusta hablar con él.
Lo busco a menudo para conversar.
De cualquier cosa.

PAISAJE MATUTINO

No cierro mi ventana
aunque alguien intente evaluar desde afuera
la desnudez que gozamos.
Negocio el pudor de mi amante;
a cambio le cuento una historia
sobre la necesidad de la luz.

EL ACTOR

Si me hubieras dicho
que vendrías aquella noche,
habría orquestado mi vientre
con polvo de elefante
y jugo de ciruela.
No sé cómo te armaste tan real
si yo no te esperaba aquella noche.
Habría cortado en trozos
mi par de zapatos viejos
para revivir antiguas travesías
de antes del abrazo,
y escondido todos mis libros
para que no adivinaras
las miserias que mastico.
Pero llegaste así,
intempestivo,
colgando del techo
mis fugas
y tan real,
tanto,
que cruzaste la reja,
invadiste el umbral
y aquella noche
                    no ladraron mis perros.

A UN CUALQUIERA DE LA CALLE G

Hombrecillo soez y cotidiano,
a la caza de algo que no llega,
me gustó tanto ver que con tu mano
conseguías el don de la autoentrega.
Y lo hacías así, tan desprovisto
de paredes o techos o trincheras...
Ah, qué malo si no te hubiera visto
y qué bueno que tú nunca me vieras.
Si asombraste a la fatua señorita
con el público grito de tu cuita,
pues no importa, si así te sientes vivo.
Por mi parte, sin cargos de conciencia.
Quiero ver otra vez tal "indecencia"
y que nunca sospeches que te escribo.

LOCURA TRANSITORIA

Si yo me suicidara en este instante
no fuera por burlar la fe cristiana,
ni porque mi familia, la elegante,
creyera que soy puta o soy lesbiana.
Tampoco por el tipo que se ha ido
con otras o con otros – nadie sabe –
ni por aborrecer a algún Partido
ni porque mi mamá se ha puesto grave.
No creo que por cáncer o por sida
invente yo el *koniek* para mi vida,
ni porque me equivoque en la elección.
Si yo me suicidara en este instante
sería por saberme extravagante,
sería por llamarles la atención.

SI VIENES...

No sé si esto es amor o borrachera
Ana Belén

Si vienes, resucito a Cristo en serio
y pongo a la Teresa de Calcuta
a andar por las esquinas como puta
y vuelvo un aquelarre el cementerio.
Si vienes, que se vayan las botellas
vacías y regresen con más vino,
y dejo sin alfombra al Aladino
y cifro tu desierto con mis huellas.
Si vienes, puedo hacer que tenga brazos
la Venus que no abraza a quien la quiera.
Si vienes, me enveneno o me embarazo.
Si vienes, crucifico a la bandera.
Si vienes...mejor no...no me hagas caso...
No sé si esto es amor o borrachera.

Me han dado unos billetes esta tarde
y luego de mirar, casi los quemo.
¿Por qué todos exhiben, por alarde,
la estampa masculina en el extremo?
Quienes hacen pesillos tan machistas
se olvidan de cifrar a las mujeres,
y luego, ni orgullosos ni egoístas,
los usan en comprar nuestros placeres.
Por eso respetemos su aventura
si así se presuponen nuestros amos.
Dejémonos de agobio y de censura
con esto del dinero y los reclamos...
¿Qué importa que le pongan su figura
si luego las mujeres lo gastamos?

EL SIERVO CORAZÓN

TORPES ADEMANES

Son innombrables los lugares donde unas manos se pueden
meter.
Como los desastres que esto causaría
si se arriesgan
y tocan con desmesura *lo prohibido*.
Mis manos entran en los bolsillos/ salen en las noticias/
rompen los guantes/ frotan los sexos/ juntan billetes/ golpean
las puertas/ aprietan frutas/ fundan adioses/ abren las jaulas/
sueltan sus pájaros/ izan banderas/ llenan cuartillas
que guardan con celo *lo prohibido*.
Nada tengo tan libre como mis manos:
nada como sus golpes ciegos al vacío
en la cansada obsesión
de encontrar
otra mano
donde agarrarme.

INSOMNIO

Desde este sitio
no alcanzo a ver el mar,
pero hay un hombre a mis pies
que me lo recuerda:
anclado,
definitivamente detenido en mí.
Adivino mi desnudez ante él
y me maldigo.
Ahora mismo quisiera ser la más vestida
o la más lejana.
A nuestra historia
le han salido demasiadas moscas
y el silencio de morgue
ya no hay quien lo despegue de nosotros.
Este hombre me recuerda el mar,
pero en vez de a frescura,
ya comienza a olerme a naufragio.

COMIENDO CENIZAS

No es bueno escribir
cuando la nostalgia por aquel noviembre
se atraviesa en la memoria.
Gritos,
almuerzos improvisados,
encuentros planeadamente casuales...
Falta mi olor a arena en tu nariz
y ya no metes tu nariz
en esta historia.
De tan igual,
todo tu daño pareció suicida.
Y perduras allá,
indeleble,
en el más traidor de mis archivos,
corpóreo aun sin romper
la calaña de fantasma,
pero cargando ya el aura del destiempo:
es marzo.

Beatus ille que seduce al vicio
y lo pone a dormir a su costado,
que no tiene una casa ni un oficio
ni el horror de creerse enamorado.
Beatus ille que la sinrazón
se la ciñe bien fuerte al esqueleto,
que se gana los besos a pulmón,
no con burdas palabras de libreto.
Beatus ille que se desvanece
ante el ron delicioso y persuasivo,
que se esconde, y se pierde, y aparece
sin esquemas esclavos del estribo.
Beatus ille... que no se parece
al cadáver que soy mientras escribo.

MAGRA CARNE O LA MUGRE COTIDIANA
O SIMPLEMENTE PARA MAGRITTE

La cara descubierta del vencido
es guerra camuflada tras la máscara:
semilla que murió bajo la cáscara
y muerta... parió el fruto prohibido.
El canto visceral de una cadena
lo arrastra al cadavérico escenario
donde el vencido sale... y vierte a diario
su vida diseñada para escena.
Maromas/pasos/gestos/saltos/muecas
exhiben su verdad: cosechas secas.
(Dolientes primaveras desterradas.)
La máscara en su cara ha anclado nave
y al verse en los espejos... nadie sabe
de qué ojos se escapan las miradas.

Ha vuelto el bufón a desafiar sus límites,
imitar el vuelo del trapecista
para cazar un pájaro,
vestir con inútiles cantos de campana
la materia sorda y estéril
de un hombre sin raíz.
(Patio de flores imposibles.)
Salto al vacío
y el bufón esconde el rostro
en la torpeza de sus manos.
Lluvia cansada,
sátira del milagro
y no se encuentra
en el espejo de siempre.
Se ha vuelto isla.
Porfía.
Disparate.
A veces,
la luz se escurre
por los bordes de sus dedos
y los ojos hacen esperanzadas trampas.
Consigue verse a medias.
Parece el reencuentro,
la resurrección,
el camino de vuelta a sus confines.
Luego de tanta paciencia,
en el espejo,
el bufón
          sigue cayendo.

34

CONFORMÁNDOME

Pobre de la ola
que no puede escapar a la costumbre
de chocar,
siempre chocar o morir.
La hicieron tonta y sumisa.
Viene otra vez, y vuelve,
con otra espuma, con otro cuerpo,
pero siempre tonta y sumisa.
Siempre a chocar.
De nada le sirve nacer del mar,
indoblegable e inmenso.
La ola es débil,
con más fuerza que muchos hombres,
pero condenada al fracaso.
De nada le sirve ser azul,
que también es inmenso.
La ola es pobre,
pobre como yo,
que no soy más que la ola.

ERRANTE

Tantos mapas trazados en mi pecho
sólo conducían a las montañas de un hombre
decidido a ser tierra de nadie.

TIERRA DE NADIE

Tuvimos que fundar un país
con la suma precaria de dos sábanas de hotel.
Demasiado pequeño aquel país,
tanto,
que dejamos fuera
tus relojes podridos de reuniones
y notas de oficina,
mis amores antiguos anclados a la culpa,
la certeza de tu esposa
atada como un musgo a tu costado,
tu pasaporte y un boleto de regreso
que borraba la silueta de mis costas,
la ignorancia graciosa de nuestros cumpleaños,
la promesa de la próxima cita,
el dolor que sobreviene en el momento del adiós.

Angosto y miserable aquel país,
tanto,
que imaginamos eterna
la huella de olor en nuestra piel,
la abstinencia que escogimos para no ser convencionales,
el temblor de los dedos que vacilan
antes de marcar el número telefónico del otro,
la aparente indiferencia
que inventábamos delante de la gente.
Hace poco tus relojes,

mis amores, tu esposa, el pasaporte
han atacado el país que fundamos
y allanaron todo lo que creímos nuestras conquistas.
Nos dejaron únicamente
la piel despojada de la huella,
la abstinencia,
un par de números telefónicos,
unos dedos que ya no tiemblan ni los marcan
y la indiferencia,
que hoy nace espontánea
como el más dócil de los manantiales.

Demasiado pequeño aquel país.
Demasiado angosto y miserable,
tanto,
que duró más poco que una luna
y nunca tuvo una bandera ni un himno
que nos cante hoy al oído,
ningún símbolo sagrado ni perverso,
ni una guerra siquiera
que avivara el curso de la sangre.
Se escurrió entre circunstancias
que no pudimos trascender
y un mar imperdonable
impuso toda su majestad a nuestro abrazo.

Ahora lo comprendo, amor:
Dos sábanas de hotel
son poco para fundar un país,
tanto,
que la más indolente empleada de limpieza
llegó al amanecer
y sin ningún remordimiento visible,
nos arrebató el país
para mezclarlo con el resto de la ropa sucia.

MUCHACHA ROTA

Nací – dijo una negra – con estrella,
y aún espero el tiempo de brillar.
Quizá olvidó decir la negra aquella
que sí, pero la estrella era de mar.
Me he vuelto marioneta de los años,
viviendo a ras de suelo, a media asta.
Esclava de las penas y los daños
me gano sinsabores en subasta.
Ahora ¿qué me queda?: el sueño inerte,
los gritos que invocaban a la suerte,
los claustros, los cerrojos, los *no salgas*,
las ganas parapléjicas, la luna,
la lívida ambición por la fortuna,
las nalgas del destino... solo nalgas.

EL INTRUSO

Resuelves seguir escalándome los huesos. Estás en los parques de noche. En los grillos que me habitan. Sales de tus muros. Me invades y no te perdono tanto atrevimiento. Burlas los confines. Escapas de tus moldes para allanar esta casa que imaginas vacía. Copias mis vicios. Mis perversiones. Me asustan tus huellas pegadas a mis pasos. Salir de mí si te quedas dentro. Puedes desordenarlo todo. Cambiarme de lugar las palabras. Las mentiras que he guardado. Alterar las agujas de las brújulas de mis fugas y hacer que no me reconozca cuando regrese a mi cuerpo. Me has escogido en venganza por todo lo que no te permitieron elegir. Apareces entre mis papeles. Te cuelas en mis agujeros y ya no puedo más que vomitarte a trozos cuando te desbordas. Resuelves seguir apostándome y perdiéndome mientras avanzas rumbo a mis abismos.

LA INERCIA DE DIOS

Anochece y me tumbo en la cama
con la obligada docilidad
que padece en su cueva una fiera herida.
Con las primeras luces,
la fiera comienza a ser devorada
por insectos y gusanos.
El sol atraviesa mi ventana.
Me toco a tientas,
con desánimo
y descubro
que no he tenido tanta suerte.

LA ESQUINA

Te busqué, como siempre, en nuestra esquina,
más callada que el aro de Saturno.
Te esperé con un disco de Sabina
y el orgasmo febril que estaba en turno.
Te esperé y el reloj se puso viejo
en falaz contubernio con tu ausencia.
No encontré ni el olor de tu reflejo
y el vacío arrasó con mi paciencia.
Me crecieron dos lágrimas de sal
que sabían a amor que se termina.
Otra vez el destino fue fatal.
¡Al carajo el orgasmo y el Sabina!
Este amor miserable, fantasmal,
se olvidó de llegar a nuestra esquina.

MIGAJAS

Por gris, por intangible, por vacío,
yo quiero ser el humo y no la hoguera.
El humo va proscrito a donde quiera;
la hoguera, alguna vez, se vuelve frío,
se extingue, se consume en su calibre
y deja en las cenizas un lamento.
El humo se entrelaza con el viento
y nadie sabe ya cuál es más libre.
Yo quiero hacerme humo, aunque sea amargo,
saberme sin un cauce, sin un centro.
No entiendo de amplitud, de ancho, de largo;
no vengan las medidas a mi encuentro.
Yo quiero hacerme humo... y sin embargo,
la hoguera es la que siempre llevo dentro.

LA DERROTA

Demasiado ácida
esta
media
naranja
que soy
sin haber hallado nunca
la otra mitad que le falta.

AUXILIO

Sálvame de lo que soy cuando te escapas.

VICIOS, MISERIAS Y EL VIEJO DOGMA LLAMADO DESTINO

Ni siquiera había nacido
y ya mis padres
juntaban las manos,
miraban al cielo
y pedían a Dios
que yo fuera normal:
con todos los dedos,
las partes,
las ideas
que exigiría mi tiempo.
Así crecí,
al margen de los huecos y descampados
que también conforman el alma.
Fui todo lo necesario
para que mis padres
volvieran a mirar al cielo
y dijeran gracias.
Dios me había armado
como rogaron una vez:
Ante el ojo inquisidor de mi ciudad
yo era normal.
Ante el mismo ojo
– esta vez ciego –
de mi ciudad
me precipitaba al fondo de los huecos
y me hundía

en la soledad de los descampados
que también conforman el alma.
Poco importaba
mi condición de semilla estéril
porque la gente que pasara cerca
habría de encantarse
con mi frescura eterna de árbol.
Yo sería un hilo más en el mantel,
otra simétrica raya del tigre,
la gota idéntica y sumisa
que se despeña
con el torrente de una época.
Perdón y vergüenza
si se me escapara en público
la diferencia.
Así me escurro entre los años
y agradezco casi con rencor
a los que me hicieron normal,
que también incluye
dibujarme a ratos
la inequívoca sonrisa de conformidad.
Hasta yo me acostumbro a ser normal,
y me lo creo...
Pero mis padres
nunca confiaron en los milagros,
ni están seguros de que Dios
los haya escuchado
la primera vez
que juntaron las manos
y miraron al cielo.

LOS PUERCOS

Y gozan revolcándose en el lodo,
el mismo lodo gris que les aterra.
Escapan por la puerta que se cierra.
Dibujan como nada lo que es todo.
Arenas movedizas en las plantas,
y un halo de firmeza en las miradas.
Las almas, como siempre, desalmadas.
Las santas sin altar; las putas santas.
Se forjan por azar sus propios cercos.
Presumen de un "instinto racional"
y yo, que ya soy parte de estos tercos,
que tengo el corazón de un animal,
prefiero el lodo gris, como los puercos.
No traten de sacarme del corral.

FUERA DEL RUEDO

Yo los amaba a los dos,
la unión de sus sexos idénticos,
las sábanas húmedas a sus espaldas
después del carnaval.
Los amaba en la levedad de las corolas,
en la fatiga de mis dedos y las noches vacías,
en la gota de ansiedad
obligándonos a cocinar distancias raras,
intransitables;
por encima del error natural
de sus deseos,
sordos ante el grito de mi túnel.
Los amaba en la urgencia de su encuentro
sin salir de mis moldes.
Y el muro
            esquema del naufragio.
El muro
            milagro insatisfecho.
El muro
            asegurándome el rencor de alas imposibles.
Vana la caricia ceñida a su espacio,
inútil el camino trazado con la lengua,
pobres el abono y la súplica
para tanta tierra estéril.

Otras fieras han bebido de mi fuente,
otras con ganas mayúsculas
sin la hondura de la huella
y yo, amándolos a los dos
al margen de anatemas y confines.
Me nutría con la savia
del verdugo que defiendo:
dulce flagelación, burla a mi herida.

Yo los amaba a los dos
aun con la certeza de saberme
lirio seco,
hora tardía,
fruta calcinada entre sus rezos.
De nada sirvió el hermetismo de su abrazo
para ahogar mi sed,
ni el puerto en bancarrota de sus fugas
que no encallaron en mis costas.
Yo los amaba a los dos
y amaba el desvarío de sus brújulas,
la inmensa sensación de lejanía.

He abierto las ventanas,
soltado los perros
y desaparecido todos los cerrojos,
pero la nueva luz se resiste
a coronar mis jardines.
Yo los amaba a los dos
con la obstinación del aprendiz
que ha perdido sus cuadernos
y reescribe las materias en el polvo.
Con la tristeza del payaso.
Con la lívida demencia
de no decirles nunca:
Son culpables.

CONTINUUM

Amar amarra.

CONDENADOS

No consigo armar la manera de decirte adiós.
¿Cómo se dice adiós si no con palabras rotas?

PECERA

No pude ser el pez; no tuve el arte
aun cuando mi espacio es la burbuja,
la gota estrecha, el ojo de la aguja,
la agónica manía de extrañarte.
No pude anclar la rabia a mi costado.
Soy torpe en las lecciones de paciencia.
Perdona la incisión. Salva la esencia
del fruto de este amor recién cortado.
Ayer no es cierto, es nada, es tierra yerma.
Yo no te quiero más, yo estoy enferma.
(Lágrima, sangre, furia, gana rara.)
Perdona esta locura transparente.
No pude ser el pez. Soy la demente
que odia el vidrio gris que nos separa.

SENTENCIA

> *El que ibas a ser está esperándote*
> Hernández Novás

Si aquella que iba a ser ya no me espera,
si en sus relojes se gastó mi hora,
si mi crepúsculo mató su aurora
con bárbara sequía en primavera;
si se cansó de mis maltrechos pasos,
de mi torpeza para perseguirla,
si mi pasividad mutó en la esquirla
que un día triste la rompió en pedazos;
si aquella que iba a ser hoy yace muerta
y roto está el destino ante la puerta
de la prisión que irradio donde estoy,
entonces, por favor, díganle a ella
que no guardé otra luz más que su estrella,
que venga y también mate esto que soy.

NECEDAD

Hice un surco de cenizas en mis sábanas
para que deslizaras tus tristezas.
Y lo sabías,
pero te arraigabas reciamente a la tierra,
como en un rumbo trazado por reptiles.
Sordo.
Raro.

CÁLCULO DE PROBABILIDADES

Políticamente
nuestro amor es posible:
Manejo con oficio
los hilos de la oralidad
y tú practicas perfecta la demagogia.

Católicamente
nuestro amor es loable:
Somos hombre y mujer
para continuar la especie
como Dios manda
en la más autorizada heterosexualidad.

Lingüísticamente
nuestro amor es plausible:
Compartimos un idioma
en el que te invoco
y desde él me devuelves
las mentiras más hermosas.

Históricamente
nuestro amor es probable:
Celebramos adultos
la llegada del nuevo milenio
y en el siglo XXI
nos tocará morir a los dos.

Geográficamente
nuestro amor es perverso:
Un mar insobornable
nos borra en sus orillas;
unas olas eternas
diluyen tus ganas y mis ganas en la sal.

DEFENSA DE ALBERT CAMUS

Entre la libertad
y la angustia de habitar mansamente
las miserias del mundo
juegan las cartas bajo la manga del suicida.

ELOGIO DE SÍSIFO

Conducir,
padecer,
soportar el destino obstinado de una roca...
pero nunca morir aplastado.

ACROBACIAS MENTALES

OJO POR OJO

Asistiré a tu derrumbe.
Cuando llegue el tiempo de la siega
no habrá en ti un palmo aprovechable que ofrecer.
Pájaros grises habrán venido antes
a hartarse con el néctar de tus mieses.
Nada para la estación de las frutas:
Quedará humildemente la sequía de tus tierras,
tu modo perfecto de caer
para ahogarte en la angustia de tus límites.

No podría llegar tarde a tu desplome.
Debo alimentarme con el polvo de tus bordes.
Absorber cada trozo feliz del espectáculo
donde arruines la paz de tu fortuna.
Acunar esa música imprecisa
que ruge al compás de la embestida.
Creerme por fin
                que *las cosas que uno quiere*
                sí se pueden alcanzar
mientras te gastas en tu oscuridad.

No existe duda alguna:
Viviré y estaré disponible
para ver cómo te fundes en tus heces.
(Nadie notará la diferencia.)
Porque nunca existió tal distinción

más allá del teatro infeliz que malactuabas.
Ninguna máscara alcanza para tapar toda una vida.

Iré gustosamente al sitio
donde confieses que has perdido.
Y serás la sombra anónima,
amnésica,
que nunca más disfrazará la senda limpia
en el camino de los otros.
Desde la fila esquiva de la justicia
esperaré el sonido de tus pasos,
temerosos,
minuciosos últimos pasos que darás
antes de la quebradura total de tu Mentira.

Con la paciencia de Job
aguardo el día.
Cada lágrima tuya
será savia divina sobre mis llagas.
Cada grito de pánico,
música perfecta en mis oídos.

Serenamente espero.
Aliso mi ropa.
Lavo mis manos y mi cara.
Restauro desde ahora mis imperfecciones.
Debo estar hermosa.
Tienes que verme bella y feliz cuando te hundas.
Reviso con cuidado la exactitud de mis relojes.
Y espero.
Me conforta saber
que llegaré puntual a tu naufragio.

AMOR Y POSTMODERNIDAD

Amo la preñez de su bolsillo
y la mano siempre llena
que acaricia y deslumbra.
Amo lo inaudible de la tristeza
ante el tintineo de sus monedas infinitas.
Amo el amor que me hace
luego de tanto alcohol, y tanto vicio, y tanto...
Amo, y probablemente
me escape al romance,
pero no marco la diferencia
entre mis contemporáneos.

CARNICERÍA

Como un bulto de barajas se esparce nuestro reino.
No fue suficiente con saber jugar
ni apostar todo lo que fuimos en la primera ronda.
A ciegas la fortuna se diluye.
La paciencia es vulgar eufemismo de la abulia,
un antídoto pedestre
de quien tiembla ante los riesgos de fundar,
pero vale más que el desvarío
de lanzarnos a un puerto sin orillas.
Es mejor que ir desnudos a una guerra.
La claridad que nos guardaba
termina hoy burlando sus bordes
y nos confina a la sombra
de un reino forjado en la desidia.

No somos tan pobres a pesar de todo.
El amor sigue haciéndose
en apuradas siluetas que ahuecan nuestra cama.
Disciplinados orfebres del deseo
practicamos cada noche
esa danza tantas veces aprendida.

Nos aterra despertarnos solos.

Como a un bulto de barajas
sostenemos las columnas de este reino.

Acariciamos mudos y compasivos
el derrumbe de sus muros.
Sobre la mesa disponemos otra vez
la poca riqueza que nos queda.
La costumbre invita a continuar jugando.
Displicentes abrimos el convite
donde no habrá perdedores
ni coronas de laurel
para algún triunfador definitivo.
Perpetuo es nuestro instinto de jugar
con un reino de cenizas repartidas.

Con alivio aplaudimos la sentencia:
Anclados a la mesa,
ninguno de los dos estará solo,
ni feliz.

HERENCIA

Bien sabe el arroyo
que es pobre para barcos.
Con su esmirriada apariencia
no puede más que arrastrar
unos pocos peces
y soportar
que a ratos
sus orillas se vuelvan una.
Es torpe el arroyo
si quiere ser camino
para los marineros.
Sigue su rumbo,
obstinado y constante,
hacia un lugar ignoto
pero siempre el mismo,
con las mismas ansias de los barcos.
Nace y corre el arroyo
con ganas de ser transitado,
y en silencio,
salvo por un rumor de anclas
que se inventa en sus abismos...
por si se vuelve mar.

PEQUEÑOS MILAGROS COTIDIANOS

Esa calma impronunciable
que se atora en las gargantas de mis hombres
ha robado la potestad del árbol.
Como un árbol carnicero crece,
los obliga al circunloquio de la sombra.
El cansancio pegado en las aceras
va hilvanando el secreto de una fuga.
Las consignas disimulan
y los gritos de júbilo
disfrazan el mutismo de la espera.
Pero los barcos se alistan en los puertos escondidos
y las piernas ensayan la danza salvadora de otros vientos.
Bajo el árbol que doblega se echan mis hombres:
perros mudos,
prisioneros de una calma impronunciable.
Olfatean cabizbajos.
Tiemblan de emoción
cuando descubren
que ha comenzado a pudrirse la raíz.

SOBREVIVIR

El hierro de estos días
ha contagiado – grosero –
la blandura de los rostros.

ILOTAE SUMUS

Como en la vieja Esparta,
el flequillo grisáceo de la neblina
se ha instalado en mi ciudad.
Hay premios para unos pocos transeúntes
y suicidios que se asoman
por la esquina rota de la mesa.
Sus guerreros
ya no están anclados a la tierra:
Hace tanto que olvidaron la raíz.
Ahora se arremolinan
en los fatídicos brotes
de la falsa primavera,
confunden las palabras
y dicen que sus manos huelen a pescado.
Yo sé
     que nunca
          visitaron el mar.

¿QUIÉN VA A EMPUJAR LA BARCA DEL REMERO?

A la memoria de mi abuelo

¿Quién va a empujar la barca del remero
ahora, que el remero está tan frío?
Se le ha manchado el pecho con hastío
y no le vuela el ala del sombrero.
Ahora, que no viene más al río
de cómplice feliz del aguacero,
al cielo no le importa que es febrero
para guardarse dentro todo el brío.
¿Qué hacer con esta masa de vacío
trocada en lo que fue sudor y cuero?
¿Qué va a pasar con todo? Desconfío
si duerme para siempre el ojo fiero.
Después de sepultar tal desvarío,
¿quién va a empujar la barca del remero?

EL CONCEPTO DE LA ANGUSTIA

A Kierkegaard: mi versión

El mundo se acumula en la ventana
donde he tallado el molde de mis codos
con golpes de costumbre.
                       Pasan todos
y nadie queda:
               recia Ley Humana.
La arritmia de las tardes,
                   la quietud
imponen su gobierno en el vacío
de un tiempo detenido en el hastío
que abrasa con mediocre lentitud.
El mundo se somete a este rectángulo
inmóvil:
           tragaluz donde el funámbulo
que soy
         rumia su Culpa y no se queja.
Me gasto en la ventana.
                  Doy la vida
al hueco de esta cárcel preferida:
Yo soy el prisionero.
                Yo la reja.

LOS EXILIADOS

Para Lisa, entre su invierno y mis olas

Todavía la familia nos busca
con la misma tristeza del ciego
que va al teatro
y se sienta en primera fila
la noche de las máscaras.

LA ETERNIDAD Y SU JAULA

El marco de la ventana me divide
en
dos.
Apoyo sobre los codos una mitad.
Las piernas rectas soportan la otra.
El cuerpo se dobla como una tira de palabras
insuficientes para una historia.
La vida está hecha de gestos.
Irrepetibles.
Como mi país.
Mi país tiene ventanas que dividen cuerpos.
Tiene puertas cerradas que los contienen.

Como la foto de la pared
tampoco yo me salgo del marco.
Sólo puedo sacar al viento una mitad.

Me pongo una almohada de algodón bajo los codos:
El marco de la ventana y mi país
me han dejado el corazón a la intemperie.
Y eso
pesa
demasiado.

CATARSIS DE INVIERNO

Ya no me importa esconder la cicatriz.
Esta línea callada,
alguna vez,
tendrá que revelar sus estridencias.
Renuncio al camuflaje.
Reconozco la tentación
que yace bajo el brillo seductor de la navaja.
En mí la clavo toda.
Mansamente.
Celebro mi hallazgo de sangre
mientras resucito la herida primitiva,
toda la intensidad que precedió
la mudez de esta marca.
Hundo en mí una y otra vez la navaja
y el dolor es un bálsamo
cuando el rito de existir
ha extinguido todas sus hogueras.

DESVELO

¿Dónde estás, poema maldito,
                              esquivo?
¿Dónde tan lejos de estas manos
que no consiguen hilvanarte?
¡Ven a la página desnuda!
¡Contamina esta palidez viscosa!
Aparece
y te prometo a cambio
la gestión de publicarte.
Pero no tardes en llegar, poema:
Ven antes de que me lleve el cáncer
                              o el exilio.

REBAJAS

-Ser bueno cuesta más que hacerse.
-Me llevo el disfraz.

LA NORIA

Es estéril el perdón que me vendiste
y ya lo he puesto a secar
antes de sepultarlo
en el sitio más común de mis olvidos.
No me salva el perdón:
          fallar
seguir   perdonar
     volver
          fallar
seguir   perdonar
     volver
          fallar...
y así,
hasta que hayan muerto
                    todos los gorriones.

1987

Ya Madre había mordido la manzana
y silenciado sus preces.
Sabía que faltaba poco
para el milagro.
Vine
y susurró una frase tibia
sobre mi frente.
Luego las arrugas se ahondaron con el tiempo:
sequía de manos atardecidas,
sudor perenne...
y otra vez la frase tibia sobre mi frente.
Así pudo zafarme
del yugo de una época,
al margen de la hecatombe
sin robar trincheras.
Madre sabe muy bien qué frase escoge
para salvar a alguien,
aunque después de tanto
se haya quedado sin decir.

SERENIDAD

Mi padre ha gastado su última palabra.
Con minúsculas dosis de silencio
fue armando su burbuja
y al límite de estos años,
la vida le parece un teatro inaudible
sin el coro ni las máscaras.
Muda
se amontona su heredad
a la sombra del hijo solitario y deforme.
A veces mi padre tiene unas ganas tremendas de gritar.
Puedo leerlo en la sintaxis de sus ojos.

SÚBITO DISCURSO MIENTRAS ACEPTO
LA DIVERSIDAD DE MI ESPECIE

Pienso en William Faulkner y soy un pez,
con todos cortándome en trozos *mientras agonizo*.
Porque sé que siempre habrá nalgas disponibles
para los bancos azules,
pechos abiertos
cuando se ha terminado la fórmula del abrazo;
va a haber bandera
para los Partidos de izquierda,
pan para quien pudo saciar la sed
y un palmo de tierra
para el que ha logrado morirse en paz.
Se quedarán entonces la muñeca rota,
la paciencia olvidada después de la tormenta,
el hambre con el hambre encarnada,
la fe del agnóstico.
Caminos minados de espaldas lejanas
serán los caminos.
Pero es la ley:
Rumbo a los unos vamos los otros
y nos saludamos
con displicencia en las avenidas
mientras el semáforo cambia la luz.

... y el rostro reconoce las salpicaduras de sal.
Y crecemos   como distantes.
Porque el tiempo se permite sus torturas
y ya no cuesta nada
remendarnos la espera:
la vieja espera
que persiste en sus migajas.
Tiembla el pecho,
se desatan las trampas escondidas.
Se busca la piedra debajo de la piedra.
Se apuestan las uñas
y a ratos nos olvidamos
de cuán voraces suelen ser los laberintos.
Así estallan todos los relojes.
Resucitan las ganas sofocadas por la sal.
Y el conflicto:
Clavarnos al polvo
que obedece a la soledad de un mapa
o trazar con punta de estrella
un rumbo indetenible
y ser noticia.

LA VIDA MODERNA

Orugas de hierro.
Serpentinas metálicas
que se doblan en las curvas del mundo.

¿Nos movemos o nos arrastramos?

Ferrosas estructuras,
obligadas a surcar el camino dispuesto,
sin restos de piel
o de cansancio.

¿Amamos la dureza del gris?

Avanzamos rotundas.
Con una ceguera aprendida
que nos hace adorar la disciplina,
la supuesta perfección.
Como los trenes,
no podemos salirnos de la línea.
No debemos.
La disciplina es el miedo tremendo
a provocar un choque.
La perfección es evitarlo eternamente.

No importa ya
si nos movemos o nos arrastramos.

Menos aún
        lo que amamos.

Seguimos camino.
Somos orugas de hierro.
Veloces. Ciegas. Conformes.
Como los trenes.

LA CÁRCEL I

Existen muchas formas de estar solo.
Ya las ordené por colores
a la luz de mis luciérnagas.

LA CÁRCEL II

Se lo quitaron todo:
lo que era digno de salvar y lo que no.
Todo.
Y le dejaron la vida.

APOLÍTICA

¿Los Partidos?
¿Así?
¿Naturalmente?
¿Par?
¿Ti?
¿Dos?
¿Un sustantivo?
¿Un pronombre?
¿Un número?
¿Nunca la unión?

UTÓPICA

Necesito un país donde acomodar mi mundo.

A LOS COMUNES

Yo escribo este poema para aquellos
que surgen de las calles cada día
y esperan sus medallas y sus sellos
con algo de pesar o de ironía.
Para esos olvidados ancestrales
que no han besado un premio, una quimera;
para los invisibles, los normales,
los nadie, los absurdos, los cualquiera.
Tal vez se sientan solos estos hombres,
acaso les aburran las personas
o quieran escapársele al presente.
Yo soy analfabeta de sus nombres
mas, nunca pongo en dudas sus coronas;
a fin de cuenta todos... somos gente.

Y YO OTRA VEZ

Me gusta descubrir que ya se ha muerto
el trozo de miseria que fui ayer,
saber que mi lugar será desierto,
saberme ya mañana otra mujer.
Los huesos que me forjan estos pasos
después no van a ser ya los que son.
Haré con otra fuerza otros abrazos
y voy a amar con otro corazón.
Me muero cada día y nazco a diario,
con otra percepción del mismo grito.
Soy víctima feliz del calendario,
de un cuerpo libre, escéptico, proscrito.
No tengo más opción que este calvario
de morir... y saber que resucito.

SUCESO

Hoy ha muerto un perro y ha nacido un hombre.
Porque ella dijo: *no aguanto*
el perro tuvo que morir bajo las ruedas
y la silenciosa aguja
marcando 100 km/h
disipó su única ambición
de crecer bajo el árbol del jardín.

El hombre que ha nacido hoy
quizás un día
sí consiga dejar de ser cachorro.
Pero será altivo y violento el cachorro humano.
(para la madre) Malas noches esperando su regreso.
(para el padre) Traidoras noches que no imagina:
cópula secreta y bestial
que el hijo y la nueva esposa desdibujan en la cama.

A coro dirán esta vez: *no aguanto*

Es difícil habitar la palabra lealtad.

Lo saben la madre,
el padre ahora tras las rejas
y la nueva esposa
sin cuerpo ni alma ya para entender qué pasa...

Es difícil habitar la palabra lealtad.

Son bajos los techos y angostos los trillos en su espacio.
Podría caber un perro:
dicen los sabios y los arquitectos.

El perro que debió morir para que naciera un hombre
se burlará de todos
y dejará escapar un aullido
liberador
no sé dónde.

EL COLECCIONISTA

Había logrado juntar una cantidad ilimitada de cajas.
Necesitaba guardarlo todo.
Buscar un sitio protector para sus vicios:
cajas de fósforos para el invierno,
de cigarros para la soledad.
Una caja confiable donde esconder las joyas
(lo más fuerte posible)
como su caja torácica
que cuidaba al corazón.
Mantenía intactos los lazos
en antiguas cajas de regalos inexistentes
y espantaba las bestias del silencio
con una ronca caja de música.
Cajas chinas.
Cajas de Pandora.
Cajas negras sin aviones ni accidentes.
Cajas de velocidades en el viaje de la vida
completaban el rigor de su costumbre.
Juntar cajas hasta el cansancio
lo había hecho feliz.
Por eso la sonrisa leve bajo el brillo del cristal,
agradecido por las flores
que reposaban hermosas
sobre la única caja que no incluyó en su colección.

TEOREMA

A penes
y a panes
apenas
podría sostenerse un amor
o un país.

URBANIDAD

Casi todos los barrios de mi país
coinciden en la disposición de sus calles.
Trazado en cuadrículas le llaman.
Rectas y uniformes,
grises,
obstinadas y firmes las calles,
entrelazadas y eficientes,
como una jaula.

CUBA

Así como la tarde soporta
el soborno del sol...
yo te recibo
y sufro silenciosa,
obediente,
este ocaso de ti.

CIUDAD VACIADA

1, 2, 3 golpes rítmicos con el látigo
que bifurca el aire en un sonido leve
y los caballos avanzan,
arrastrando cuerpos con indulgencia.
Cada marca en el asfalto denuncia su rutina triste.

Encontrar una herradura es señal de buena suerte.

Acostumbrados a la fatídica marcha,
los hombres aguardan el impulso del látigo.
Pasajeros de las bestias.
Condenados a un solo camino
mitigan el cansancio de sus pasos
con el golpe preciso que desata el viaje.

Un clavo detrás de la puerta sirve para colgar herraduras perdidas/
encontradas.

Los caballos no pueden aliviar el cansancio de todos los
hombres.
Ni un látigo.
Ni viaje alguno.
La suerte suele hallarse a veces en la curva de una herradura.

1, 2, 3 golpes rítmicos como un himno cotidiano.
Murmullo de ciudad vaciada

donde ha crecido infinita la hierba.
En su ruta interminable,
los caballos van perdiendo la fuerza que cobra el látigo,
la suerte,
las herraduras,
los clavos que las sostienen.
Encuentro uno de esos clavos y lo fijo detrás de la puerta.
A ver si aparece algo que colgarle.

PUENTES

¡Adiós, patria feliz, edén querido!
G. G. de Avellaneda

Yo sé que no son ellos. Es el plan
urdido tantas noches; es la espera
por una envejecida primavera
que nunca les florece. Ellos se van
tras pálidos pistilos, el rocío
de alguna latitud en estación
porque han plantado ya hasta el corazón
y sigue el huerto seco, gris, vacío.
Si en otras tierras ven buena cosecha
harán del viejo abono pronta brecha
y barcos partirán: pechos abiertos.
No son ellos. Son las lejanas flores
que cada vez tendrán más sembradores
si no se va el otoño de sus huertos.

TRISTEZAS DEL AUSENTE

Es temporada de barcos:
Se escapan
de la sombra del portal.
Temblorosas las manos,
exiguo el adiós.
Toda la planicie de estos años
se crispa ante la suerte
del torrente que vendrá.
Miro a través de una ventana estrecha
que camufla el paso siguiente
y el eco de unos padres perdidos
percute sobre mi hombro izquierdo
y cuesta abajo.
Inhalo un silencio denso
que desarma y atora
ante la partida fácil.
Duele dejar la isla chica
de las primeras palabras,
el único techo
y el calor más sano.
Duele,
y rumbo a mi nuevo sitio
de aparcar secretos
el recuerdo resiste
bajo la erupción de una lágrima.
Sigo camino

y me invento distancias
tibiamente lejanas.
El nuevo perfil de las horas
ya no es espejo
de lo que he sido.
Sigo camino
con esa isla
que el desamparo ha cosido
a mi hombro izquierdo
y cuesta abajo.
No puedo arrancarla.
Quedaría la cicatriz.

He perdido la sintaxis de mis padres.
Los nombro con voces antiguas
y sólo consigo escuchar
el canto brutal de la distancia.
He confundido las palabras.
Me conformo con un eco claudicante
en torno al adiós;
melancólica balada que me late dentro
y fuera
y tiemblo.
Susurro de sílabas difíciles:
ma...
pa...
mientras me rompo toda
en un idioma incorpóreo.
He perdido la sintaxis de mis padres:
ma...
pa...
solo eso:
mapas...
donde no dejo de buscarlos
por si la suerte se esconde
bajo un oasis de luz.

OLLANTAYTAMBO

Ni una pizca de arena,
ni la luz pretensiosa
se atreve a zanjar el abrazo total de las piedras.

DESTIEMPO

Hay demonios tan viejos
y llenos de pasado
como la rutina y la melancolía
y ángeles esquivos
que morimos primero sin verlos llegar
como la libertad.

EVOLUCIÓN LINGÜÍSTICA

Mónadas
mónedas
monedas
...y por fin
las sustancias esenciales
sobre las que se funda el universo.

LA GUERRA

En el hueco de un país lejano hay un hombre.
En el hueco de un hombre hay un recuerdo de familia.
En el hueco de una familia
hay una madre triste, una esposa sola y unos hijos flacos
cavando una tumba.
En el hueco de una tumba
sepultan el grito de un hombre
que quedó en el hueco de un país lejano.
La madre triste, la esposa sola y los hijos flacos
se distinguen en la multitud:
Todos tienen un hueco en el pecho.

LA BESTIA

Ésta no es la bestia de la historia.
No la de Teseo.
No el minotauro.
Ésta no es la bestia de dos cabezas
con estirpe inmortal.
No la bestia genérica
que habita en tanta literatura.
Esta bestia jamás ha sido un príncipe,
ni mendigo,
ni lobo bajo la luna llena,
ni artificio desatado por la ira de los dioses.
Esta bestia puede echarse en tu alfombra
y lamer tus heridas,
engendrar hijos deformes
que grabarás en el pecho bajo el tibio disfraz de un abrazo.
Puede vaticinar tu riqueza futura
y colmar de cenizas los caminos
para desviar tus pasos hacia el triunfo.
Esta bestia se te parece de un modo insospechado.
A veces sonríes ante el repentino encuentro con la bestia
y estrechas su garra
con la docilidad de quien aprieta una fruta madura.
A tu izquierda,
a tu espalda,
a tus pies
permanece ahora la bestia.

Sabe que la llamas prójimo,
homo sapiens,
semejante,
hombre,
humano
y esto afianza el poder de su coartada.
Pero la bestia es La Bestia.
Sigue atenta al fluir de estas palabras.
Reconociéndose.

Miro mi foto. No está manchada de sangre. Son sólo esos lazos rojísimos inflados y brillantes que disimulan la carita mustia. Los lazos tienen la función de la alegría que me falta. Y lo hacen bien. Mi madre sonríe siempre que encuentra esta foto y eso me hace pensar que ha sido correcta la elección de ese color. Miro fijamente mi foto. Las cejas largas. Sin entresacar. La nariz minúscula. La boca pálida bajo los ojos perdidos en un punto del vacío. Y me pregunto dónde estoy. En qué sitio del olvido se ha quedado esta imagen. Cuándo cambié las dimensiones de mi cuerpo. Cómo se reordenaron mis facciones hasta no reconocerme mientras me levantaba esta mañana. El tiempo y yo hemos matado a la niña de la foto. Sin restos de sangre y sin sanción alguna. Como hábiles asesinos en crímenes perfectos. Juntos equivocamos pistas. Destruimos evidencias hasta la impunidad. Miro mi foto. Pienso en las veces infinitas que el tiempo y yo me hemos matado. Cada segundo que pasa es un disparo al corazón de lo que he sido. Lo que voy dejando de ser pone más tumbas en el cementerio de mi pasado. Dócilmente me preparo para morir una y otra vez mientras me pueda levantar una mañana. Supongo que esta suma de muertes... es la vida.

ÍNDICE

LAS TRAMPAS DE LA PIEL

EL SIERVO CORAZÓN

ACROBACIAS MENTALES

www.ingramcontent.com/pod-product-compliance
Lightning Source LLC
Chambersburg PA
CBHW051840040426
42447CB00006B/617